브람스를 좋아하세요

브람스를 좋아하세요

김영애 시집

시인의 말

깊고 어두운 곳으로 걸어갔다
폭우가 쏟아졌다
바흐 「G선상의 아리아」 속에 낯선 귀가 떨어져 있다
누구일까?

2025년
김영애

차 례

● 시인의 말

제1부 아다지오

겨울 장미 ──── 12
그라피티 ──── 14
기억의 먼 곳 ──── 16
나의 정물화 ──── 18
담쟁이 ──── 20
디아스포라 ──── 22
시집 속에서 방황하다 ──── 24
아디아포라 ──── 26
암연黯然 ──── 28
큐레이터 ──── 30
큐비즘 ──── 32
토마토의 반론 ──── 34
회색지대 ──── 36
후애厚愛 ──── 38

제2부 알레그로

겨울 아다지오 ──── 42

녹턴 ──── 44

루 ──── 46

멜랑콜리아 ──── 48

빈貧 ──── 50

사람들 ──── 52

산책 ──── 54

스칼릿 장미 ──── 56

아카이브 ──── 58

에스키스, 우리 ──── 60

체리의 계절 ──── 62

식물과 동물 사이, 우리는 ──── 64

포이즌 ──── 65

해후邂逅 ──── 66

제3부 모데라토

기억의 습작 —————— 70

물끄러미 —————— 72

번 아웃 —————— 74

브람스를 좋아하세요 —————— 76

상사화 —————— 78

마지막 왈츠 —————— 80

수련 —————— 81

시놉시스 —————— 82

해바라기 —————— 84

고흐의 토요일 —————— 86

영화 같은 —————— 88

오브제 —————— 90

변증법 —————— 92

어반 스케치 —————— 94

제4부 알레그리시모

붉음 —————— 98
어렴풋이, 여름 —————— 100
여름 소나타 —————— 102
연보라 —————— 104
이분법에 대한 사고 —————— 106
짧은 계절 —————— 108
수요일의 안단테 —————— 110
질문들 —————— 112
컵 속의 아리아 —————— 114
코발트블루 —————— 116
콜라주 —————— 118
에스키스, 맘 —————— 120
너 f야 —————— 123

김영애의 시세계 | 송현지 —————— 125

제1부
아다지오

겨울 장미

 장미의 불온한 흔들림처럼 나는 한때 공중으로 걸어간 자의 뒷모습에 대하여 생각했다 자리에 누우면 실체와 사유가 분리된 마음속 빙설이 되었고 겨울이 머물던 창으로 네가 왔다

 기울어져 가는 그림자, 대문 앞을 서성이던 오월의 이력처럼 장미의 이마에 대하여 생각하다가 겨울이 하혈하는 것을 보았다는 말 속으로 물이 지나갔다

 겨울은 벼랑에 접붙인 몸짓이었고 한 마리 새였고 길들여진 동물이다 장미의 내부 역시 곡선의 이동이었고 생존의 혈관을 타고 흐르는 난센스, 마른 물관을 건너가는 장미 지구 반대편에서 오월을 내어줄까

 우울한 도시의 흰 기침처럼, 장미의 유서처럼 분별한 어법에 대하여 침묵했다

 우연히 갇힌 섬에서 흩어졌다가 모이는 아디아포라, 무리

들처럼 우리의 흔한 결속력일까 방향 잃은 실루엣이 창백하다 혼돈의 감정이 절룩였다

　커피를 마시면 따스하게 번져 흐르는 모든 기억들이 손톱 아래의 기분과 화면 너머를 통과했다 거울을 삼각형으로 접어 장미의 감정을 이입했다 오래 머물던 마음의 빈자리가 피의 자매 같다는 생각을 했다

　내부의 풍경이 사유思惟를 넘어갔다

　또 다른 입구의 겨울 흙무더기로 뭉쳐 있던 시간들 소품처럼 몰려와 장미의 무릎에 앉았다 네가 가고 창문이 왔을까 우리는 언제나 이분법적이지 내가 가려고 하면 너는 겨울 밖으로 영원히 걸어갔다

　장미, 탄식했다

그라피티

붓질처럼 남루한 위선도 허무도 다를 것 없이 떨어지는 나뭇잎의 곡선이 도시를 막 넘어가는 누군가의 뒷모습 같았다

어제의 도시에는 나비가 벽을 넘어갔다 빛을 그러모으는 손금 아래의 그림자 흐릿하게 걸어가는 눈동자 너머의 불가근불가원

닿을 수 없는 집, 아무렇게나 나뒹구는 경계 너머의 미지에 대하여 생각했다 침묵이 침묵을 낳고, 존재 없는 뿌리들이 벽을 헛디뎠을까 벼랑은 늘 목이 말랐다

오늘의 페이지를 넘겼다 옅어지는 얼굴, 붓질 속에 간직되듯 도시를 싣고 버스는 질주하는데 잊은 것들의 바닥을 되새김하듯 그러모으는 우리의 관성, 물결처럼 밀려오는 불안과 공포 붉은 비가 되어 잠자는 혈관을 깨울 수 있을까

도시는 조용히 숨을 모은다

강물 위에 강물을 세울 수 없듯이 우리의 체온과 발자국과 흔들리는 이데올로기를 옆에 두고 앉아 있으면 미래는 식어가고 푸른색을 찾아 헤매며 기억의 동그라미를 지우고 도시를 버리고 뒤돌아서는 직선과 곡선의 난해함을 드로잉했다

 섬광처럼 스치는 우리의 일탈일까 붓질은 사방연속무늬로 붉게 노랗게 또는 빗금을 치며 번져갔다 깡마른 내면 또는 벗은 도시처럼 이념이 난센스일까 오늘을 잊어버리고 내일을 흐르는 기억들, 홀로 왔다가 홀로 떠나갔다

기억의 먼 곳

밤의 조각들이 쏟아졌다 흩날리는 낯선 지도 속의 체온처럼 나는 나로부터 멀어졌다 지도 속의 길에서 나를 잃었을까 사라져 버린 체온들 그건 서로를 밀어낸다는 것 몸에 심어놓은 어제의 나비를 기다렸다 기억의 먼 곳을 포개면 나비의 그림자가 파닥이다 엷어지고

길을 손에 쥐고 먼 곳을 바라본다 나는 바람을 긁어모으는 작은 조각들처럼 사라질 수 있을까 같이할 수 없고 손에 잡히지도 않는 것들이 있다 만져보는 순간 세계는 사차원으로 어긋나고

나는 여기에 겨우 도착한 것 누군가의 몸 안을 걸었다 지도가 안내하는 낯선 길 체온이 아직도 남아 있을까 길이 강물처럼 출렁이고 더듬으며 걸어가는 발걸음이 넘쳤다

지도를 벗어둔 채 걸으면 마음이 가벼워졌다 여긴 세상에 없는 작은 알갱이들을 조립하는 퍼즐 공작소, 돌이킬 수 없는 조각들을 기억했을 때 이미 출렁이다 사라지는 먼 수평

선처럼 따스하다 부서지고 기억은 눈빛 속에서만 살아 있고 너무 가까워서 볼 수 없는 바깥을 위해 창문이 만들어졌을까

   나비와 지도 사이 낯선 체온이 미끄러졌다

나의 정물화

정물을 펼치면 작은 꽃밭이 있고 방은 벽의 뒤쪽과 텃밭 사이에 있다 루드베키아 붉음 속으로 대문 센서 등이 각진 눈을 떴다 목에 두른 긴 머플러 끝으로 창이 붉다 방문을 열면 어제 내려놓은 감정이 발목을 잡는다

사람의 소리일까 바쁘게 덜컹이는 빨강 골목을 흔들었고 빠른 걸음으로 지나가는 발바닥엔 어제가 묶여 있을까 소리, 노랗다 혼자 열리고 닫히는 계절의 창 너머로 가끔은 달리아가 창을 두드렸다

아직 나는 잠에서 걸어 나오지 못했다 소리를 끌어다 어제를 덮는 밤의 이스트처럼 누군가 골목을 일으켜 세우고 담장을 흔들었다

산다는 것은 소리를 견뎌내는 것일까 가끔씩 찾아오는 나의 정물이 소리를 덮는 것처럼 머무는 곳마다 주인공이 되는 아이러니, 물의 내면처럼 흐르는 생각이 어제를 끌어당긴다

감정을 엿듣는 습관으로 나는 새벽 거미줄에 걸려 있는 이슬이지만 모래성을 쌓곤 했다 영혼을 퍼먹듯 겨울과 여름을 넘나들며 나는 나를 걸었다

　나의 정물을 펼치면 왜, 모딜리아니의 긴 목이 창에 걸려 있는 걸까

담쟁이

    간신히 기댄 담장, 홀로 흔들린다는 것은 정물적일까 가학적일까 벽 아래의 나무들은 여름을 입고 겨울처럼 웅크렸다

    계절은 대문을 향해 흔들리고 여름을 지나온 저녁 7시 같은 감정으로 너의 이름을 불러주었지 너는 허공, 바람, 빛을 긁어모으는 감성을 가지고 있지 이다음의 여정은 어디로 가야 할까 내일은 사막일까 진창길일까

    담장에 빛을 얹고 손으로 허공을 잡는 것이 전부였기에 계절은 물관 속에 몸을 숨겼다 잎은 손금 끝의 푸념일까 믿음도 감정도 없이 기어오르는 험한 길에 마음이 아프다는 것은 잎 속에 숨어 있는 피의 절규

    뿌리에 전신全身을 맡기고 아직도 허공이 묘약일 때 계절은 덤덤해서 푸념 따윈 스며들지 않았다 손끝으로 번지는 무수한 소리들이 계절 속에 감춘 뿌리가 될까 봐 두려움이 먹먹하다

두려움이 잘 빠지도록 허공 전체를 손아귀로 잡고 멀어져 가는 여름이 달아나지 않도록 허공에 빛을 밝히면 느닷없이 캐럴이 쏟아졌다

손바닥 깊은 곳 빛을 퍼올려 캐럴이 잦아들기를 기다리며 지금보다 더 낮아져야 할 감정이 탁자 위 빈 접시처럼 불안하다

디아스포라

　서른세 번째의 길에서 한 시대의 강을 다시 건너가려면 얼마나 많은 길들이 생겨야 할까 건너는 일이 길을 만든다는 착각, 방황하는 어둠의 조각들 허공을 매고 다니는 사람을 보았다는 말의 성역은 날아가고 나는 물구나무서기를 한다 강은 때로 세계의 귀퉁이에 닿는다는 문장

　쓰러지고 다시 돋아나고 멀어지는 아디아포라, 무리들 내뱉은 최초의 껍질들 끝내 엉뚱한 질감으로 다시 태어날 때의 디아스포라

　천 번을 흔들려야 성벽이 무너질까 크게 외쳐도 길은 말의 끝에 매달려 있을 뿐 윤곽에 맞물린 먼 시제들이 흩어져서 낡아가는 들끓는 착란과 착각에 관하여 생각했다

　그림자 뒤에 머물던 무리들, 무관심은 우리의 선택일까 먼 바다를 향해 산란하는 빛 불 켜진 거리의 얼룩을 밟으며 걸어가고 우리의 그림자를 뒤돌아보는 우리는, 우리를 뒤돌아본다.

어둠을 설득하는 연민의 그림자들이 이렇게 낮은 표정을 취할 수 있을까 흩어졌다 모이는 빛의 상호작용 속에서 너무 시끄러운 침묵 고요한 소음 마음에 넣었다 달아나는 잊음과 맺음 사이 그 여름날의 무리들을 빠져나온다

시집 속에서 방황하다

질서와 무질서. 같은 우리 안에서 살아갈 수 있을까 스쳐 가던 바람이 무질서를 연민하듯 옆에 앉은 화분, 잠시 흔들 렸다 질서를 키우면 무질서가 정물이 된다는 유래는 없겠지 만 모험은 모험을 낳았다

무질서와 정물을 한 우리 안에 두고 마른 풀꽃처럼 간절 하게 기도했다 시집 속에서 시를 읽어도 시인은 오지 않고 잎사귀 뒤에서 긴 촉수를 말아 안는 나비. 죄를 써 놓고 기 다리면 죄인이 되었다

죄 없는 사람 있으면 앞으로 나오라는 누군가의 절규처럼 죄 없는 사람이 존재할까 뜬금없는 말을 던지던 한낮의 폭 우는 뭘 의미할까 마음도 없는 말이 마음을 흔든다

한낮의 세레나데를 더듬는다 생각이 무너져 흐르고 머플 러를 목에 감고 당겨보는 사차원의 사람처럼 죽음이란 흔한 것일까

악의 꽃일까 악의 춤일까

 불가능을 가능으로 변환할 수 있다는 말 속에서 나는 바람을 사육하고 있다 더 이상 내려갈 곳 없는 곳에서 나를 동그랗게 접어본다 마음이 조금 넉넉해졌다 나를 잃고 잊어버리고 사라지는 나는, 알아들을 수 없는 혼잣말로 중얼거렸다

아디아포라

해와 달과 별들이 녹은 빛에 계절을 잃고 무리를 걷는다 꽃잎처럼 흔들리는

환幻

망각을 위한 간절한 빛, 빛은 있다가도 사라지는 효과음 같은 것 나는 습관처럼 창밖을 바라본다

낮아서 무리無理가 되었을까 옅은 바람에 마음 낮추고 흰 풍경 너머 창 안으로 시선을 돌리면 거실도 소통의 발상지 라고 말한 적이 있다는 문장을 되새김한다 누가 켜 놓은 티 브이 자막에선 깡마른 이념과 역사를 담금질하고 식은 빛 너머의 계절처럼 모였다 흩어지는 아디아포라, 무리

클래식과 돌멩이, 중독과 허무 뾰족한 기억 속 만져지지 않는 어둠의 생각들 나선으로 감긴다 산다는 것은 추락을 의미할까 추락은 견딘다는 것일까

미래의 별보다 과거의 별을 예측하기가 더 어렵다는 어느 천문학자의 반론처럼 아직도 생각 속에 머무는, 모든 날을 합쳐도 예측할 수 없는 아디아포라

나는 죽기 위해 살았지만, 무리 속에서 몸의 중력을 잡는다 꽃잎 떨어진 바닥에 누운 나는, 그럼에도 매일 봄이었을까 떨어진 잎에 마음 다치는 그날을 기억하는 것은 잎과 가시로 세상을 엮어가는 장미의 물관 속에서 오직 붉게만 꽃을 피웠다 나는 습관처럼 창밖을 바라본다 붉은 향이 번졌다 닿을 수 없는 벽에 젖은 음률이 고인다

암연黯然

잠을 깨면 그림자만 가득했다 모두가 죽은 목숨 같았다 회진을 도는 의사의 하얀 가운을 일탈이라 부를까 풍경은 빛을 다듬고 마름질하고 나비는 매번 옷을 갈아입었다

우기는 계속되었다 불빛 아래로 내리는 빗발과 얇게 휘어지는 빗발을 비추며 휘어지는 어두운 도시의 허리에 대하여 생각했다 그림자는 그림자끼리 도시를 갉아먹었다 마른 기억에 발을 넣어보는 무모함은 뭘 의미할까

텅 빈 곳에서는 빛을 머금은 나비가 날개를 접었다 소리 없는 대답을 듣는다 이름을 잊고 담장을 지워버리고 짐승이 되어가는 지체에 대하여 몸부림쳤다 옅어지는 시간의 정상에는 젖은 날개들로 가득했다

빛이 없어 죄를 말리기 어렵고 불면 호흡이 없다 빈방이 벽이 되는 변용 후회는 뼘이 없어 가늠하기 어렵다는 생각. 기억을 옆구리에 끼고 영화 속 낯선 사람과의 대면을 생각했다 사람으로 태어난 혐의 혹은 자학일까 꽃잎의 채널이

돌아가고 물관을 오르내리는 나는, 시대의 불안한 허밍

  누군가를 불러본다 무서움도 죄라서 뒤로 걸었다 계절의 안쪽으로 목소리가 단단해졌다 관조는 아름답고 관망은 불안하다 기억을 마름한다 이번 계절도 이마가 먹먹했다

큐레이터

　대답이 벽에 걸려 있다 그 사이의 낯선 그림자가 음소거된 질문을 붙였다 떼기를 반복했다 검고 아픈 곳 벽 아래 연인은 어제의 시간 속에 갇혔다

　죽은 자의 눈빛과 벼랑 끝에 매달린 사물의 난해함 그 안에는 벽이 있고 뭉크의 절규가 있고 질문이 난간에 걸려 있다 깊은 숨소리 듣는다

　정지된 화면 같이 뒤섞인 중독과 붉은 눈동자에 대하여 생각했다 생각 속을 걸었다 머리는 길가에 두고 팔은 시간 속에 뒀다 발목은 네가 가져갔을 거라 짐작해 우리의 왈츠는 몽환적이었어

　빨강 구름과 노랑 구름 사이에 남루한 모더니즘이 숨어 있을 거라 생각했다 한랭전선이 잠언처럼 서성이며 옅은 속눈썹 속으로 계절을 분류했다

　길을 묻어버리고 이름을 잃고 절망하고 뒤돌아서서 고백

하는 하얀 침묵처럼 붉은 향이 번졌다 익숙하지 않은 손짓들 뒤로 오늘의 제목을 걸어두고 탁자에 앉은 우리는 어제의 빵 조각을 나눠 가지며 어설픈 감정을 복구했다

  불온한 짐승처럼 오후가 지그재그로 지나갔다

큐비즘

　밤은 물에 잠기고 물의 깊이를 재는 보트피플처럼 창문마다 난민 같은 구름을 달고 하나둘씩 불이 켜졌다

　누군가의 숨소리 같아 문을 열면 정물 같은 방에 앉아 슬픈 노래를 부르는 건너편 문 닫은 가게의 불빛이 가닿을 수 없는 세계처럼 반짝이다 지워지기를 반복했다

　선분 속의 걸음이 자꾸 뒤돌아본다 사선으로 끼워 넣은 뒤늦은 관성 서툰 방식으로 어두워졌다 밭은기침 소리 얼룩처럼 흘러내렸다 이건 꿈일까 생각이 까매졌다

　우리의 문법이 한때의 부풀어 오르는 헬륨 풍선은 아니겠지 창밖으로 끝없이 이어진 길과 건물들 사이로 가로지르는 하늘 속엔 사차원의 사람이 들어 있다는 전언 믿어야 할까 무심해야 할까

　빛의 언어가 되는 은유 사전적 의미는 무엇을 의미하는지 나는 버려진 헌 장갑처럼 지표도 없는 새들의 날개에 얹혀

날아다니기도 했고 더러는 풍경의 혀끝에서 쏟아지고 엎어지고 때로는 돌멩이처럼 아무렇게나 구르기도 했다

  흔들리기 위해 추락이 태어났을까 사랑이 사람이 되는 변용 네가 모르는 노랑의 선분이 생각을 긋고 달아났다 소스라치게 돌아서는 구름처럼 건너편 가게들 불빛을 업고 배웅을 한다

  선분이 낳은 구조의 관성 관능과 흐린 뒷모습이 풀어놓은 악상 대각선으로 지워지는 판타지다

토마토의 반론

설익은 문장일까 입안을 채운 말의 물컹함이 손톱 아래의 지문처럼 숨겨진 미소와 탄식 그 사이 계절이 바뀌고 스스로의 눈빛을 걷어내는 동안 난해함에 걸려 미끄러지던 날엔 우리의 드라마는 제1장에서 막을 내렸다

너의 문장은 너무 질퍽해 읽을 수가 없어 행간에서 자주 빠지곤 해 너의 표정은 발작일까 발칙한 몸짓일까 백 년을 같이해도 알아들을 수 없는 말이 새벽 사이에 스며드는 어둑한 주검처럼

마음이 단단해지면 굴절된 계절 사이로 편향된 의식이 자랄 수 있을까 소리 없는 질서에서 벗어나는 관성처럼 관성과 물컹함은 연인일까 입안에서 머물던 말은 내가 나를 견디는 숙성의 단계일까 성숙의 단계일까 질퍽함의 위로처럼

너의 안색이 푸르다가 붉어지고, 매끈한 한때의 얼굴을 생각하면 앙금 같은 불안이 노란 꽃잎을 흔들었다 붉음이 나였다가 푸름이 너였다가 반복하는 사이 파랗게 붉게 익어

가는 어룰한 뒷모습으로 우리의 드라마는 다시 시작될까

꽃잎과 눈빛 사이에 낀 설익은 문장 같은

회색지대

 색을 숨기고 있다 젖은 크로키처럼 명암과 구도의 장르가 영원할까 깜깜한 방이었다 탁자 위에 색의 경계라는 말을 얹어두고 익숙하지 않은 온기를 듣는다 이름도 색깔도 없는 나의 내부

 햇빛은 자라기를 멈추고 낯선 그림자가 다녀갔다 흔들리던 식은 빛 어디로 갔을까 벽엔 몇 개의 빗금과 닿을 수 없는 또 하나의 벽이 있고 거미줄과 함께 나는 여기에 있다 밖엔 소리끼리 손을 잡고 헤드폰을 끼고 골목의 무크지처럼 혼합된 구도를 정리하는 중이다

 마음은 계절 사이에 서서 험한 길을 걷는 이차원의 사람처럼 아직도 메마른 관능이 묘약일 때 자판을 두드리는 소리를 회색이라 부른다 내부가 조금 어두워졌다

 창밖은 레이어드 계절 어깨 위로 내리는 졸음에 대하여 인간으로 태어난 혐의와 무질서에 관하여 생각했다

새들이 창 아래 있는 그림자처럼 멈춘 색은 유전자 변이
를 계속하고 색깔과 경계가 불분명한 색이 만날 수 있을까
혼합된 세계의 불화가 이어지고 회색 피를 걸어두고 짖었다

후애厚愛

   장미를 풀어 놓으면 아직도 건너지 못하는 강물과 박제되어 있던 도서관이 걸어 나온다 불가능이란 존재하지 않는다고 믿었던 그즈음에 도서관은 또 다른 길을 풀어놓고 열람실을 서성이며 붉은 이데올로기들의 온도를 분류했다

   벽을 타고 자라는 넝쿨처럼 젖은 벽에 기대면 녹색의 눈빛으로 계절이 자랄 수 있을까 몸은 오직 여름을 숨기고 있다

   나의 열람실을 열었다 붉음이 시들어 가기를 소원했다 흔한 것이 죽음인가 가끔은 목에 머플러를 감고 오래 당기면 목공의 흐린 눈빛이 닿은 손이 하얀 관을 만들었다

   강물과 장미는 연인일까 꽃잎에 너를 꽂아 두고 소리 없이 걸어 나가면 꽃잎 뒤의 울음이 먼 길의 집을 만들고 이불을 입술까지 끌어올리고 심장의 언어를 들으면 혐의를 벗지 못한 문장을 확인한다

지워진 강물이 풀어 놓은 길은 하얀 소문이 넘쳐흐르고 장미 뒤에 숨어 있으면 보풀을 일으키는 무서움이 몸을 바꾼다 강물과 문장의 소멸에 관하여 장미의 이념에 대하여 넝쿨의 중력에 관하여 를 읽었다 졸음으로 스며든 건조한 잠언 같은 오늘을 서성이며 잊힌 기억 뒤에서 저녁 7시가 울었다

　장미는 침묵하는 사람들의 계절을 가졌을까 너의 습관처럼 계절이 흩날렸다 어둠의 발가락 사이로 걸어 나가는 사차원의 삽화 같은 장미는 이제 상형문자, 문을 열지 않고 밖으로 뛰쳐나온 피 묻은 영혼은 이제 우리의 도서관이 될 수 없다 장미의 창문이 되어야지

제2부

알레그로

겨울 아다지오

　계절의 얼굴로 견딘다는 것은 주어진 시간 안에서 낡아간다는 것

　풍경이 낮게 흔들릴 때 다정하지 않은 사람은 언제나 생각이 검었다 시작과 소멸은 강물 두 장 차이겠지만 늦은 봄을 깨우는 낮은 소리들처럼 침묵과 견딤이 필요했다

　별의 능선이 무너지고 잊힌 이름을 되새길 때 겨울은 전신을 떨며 울지 않기를 두 손 모아 기도하던 벽의 시간들

　나의 서사가 한 다발의 꽃이 될 수 있을까 길의 무덤과 마주할 때 다시 낯선 길이 스며들지 않기를

　겨울을 밟고 서서 어두운 창을 밝히면 언제나 폭우가 쏟아졌다 빗줄기가 잦아들면 말랑해진 생각들이 스무 살을 맞은 볼처럼 밤의 고개가 좌우로 흔들렸다 밤은 붉고 차마 부르지 못한 이름, 목은 자꾸만 길어지고 목에 맨 실크 머플러를 운명이라 불렀다

이념에 관하여, 의식과 무의식에 대하여, 까만 발작에 대하여

얼굴이 굳어져 감정을 복구하고 입안에서 헛바늘이 돋은 변명을 비바체로 주고받았다 이데올로기도 낭만주의도 없는 거리에는 폭우가 쏟아지고 폭우를 흔들었다 거울도 말의 무덤도 아니다

창문에 어울리는 네가 돌아올 것이라 믿지 않는다 낮은 소리로 중얼거렸다

녹턴

    이번 계절엔 두 옥타브를 높여서 건반을 짚을 까요 검은 건반을 짚어가다가 흰 건반에서 비가 내렸습니다 한 옥타브를 높여서 건반을 치면 강물이 넘쳐서 너를 건너지 못할 것 같아요

    세상은 불길에 휩싸였는데 나는 아직도 흑백을 논할 수 없는 혼란에 서 있습니다 강물을 사이에 두고 입구를 열지 못하는 봄은 옅은 그림자를 가득 매고 오늘의 날씨는 몇 시에 완성되는 걸까요 마음이 젖습니다 순간을 움켜쥐고 놓지 못하는 늦은 오후의 빛 강물 속에 비를 맞는 사람을 진눈깨비라 부를까

    창을 건너 뿌리 내리던 빛이 피아노 건반 사이에서 금방이라도 음색을 입고 뛰어나올 것 같았고 어제도 반음 낮은 세레나데를 혼자 연주했어요

    그림자가 또 다른 그림자를 낳는지 계절이 일렁이고 바닥 아래의 마음은 나의 오브제일까 흰 건반을 짚으면 네가 돌

아올 수 있을까요

   나는 매일 한 옥타브를 높이고 있습니다

루

 글을 완성해야 한다는 기분만으로 마음을 다독일 수 있을까 난 새벽 거미줄에 얹힌 이슬이 되었고 루는 허공에 떠도는 색을 쫓아 새가 되기를 원했다

 몸 막히는 우리의 기분은 나도 루도 색이 같아야 한다는 것 루의 생각 속에서 글을 완성하는 나의 유토피아

 묻지 않았다 가끔은 침묵이 계절이라는 말 존재하듯이 언제나 루는 허공을 찾곤 했지 루의 말은 이해할 수 없는 감정이지만 루가 반기는 기체는 휘발성이 강했다 상상에 맡겨 둘게

 루는 책 한 권이 아니라 책과 책 사이 고여 있던 붉은 온기를 찾으려는 것 같았다 페이지를 넘기며 책을 쌓으며 반복하는 너의 몸짓이 이루지 못한 연인이었다는 걸 훗날에 알았다 책과 책 사이 투명한 총알이 날아가고 넘어왔다

 모양을 바꿨다 마음이 닿지 않으면 나의 글이 완성될 수

있을까 루는 자음을 나는 모음으로 빈 마음을 채우곤 했어 루의 호흡은 규칙적이었고 나의 호흡은 꿰맨 흔적이 덧났을까

  기분이 미끄러졌다 써나갈 수 없다 몸짓에도 색이 있는 걸까 루는 하얗고 나는 붉다 그 많던 기분은 다 써 버렸고 내가 찾던 거미줄은 어디에서 숨죽이며 흔들리고 있을까

  나는 소망한다 내게 금지된 것을*

* 양귀자 소설 제목.

멜랑콜리아

계단 아래로 떨어지는 빗방울처럼 도시가 알 수 없는 공황에 잠기고 겨울의 눈빛으로 오를 수 없는 벽을 오른다

내면의 암흑과 일탈한 이데올로기, 길들여진 사람의 숨소리 같아 잠시 머뭇거리면 머메이드 구름, 무소의 큰 뿔, 건너편 나무 아래엔 닿을 수 없는 심연이 되고

시작과 소멸의 빛이다 배경마다 손가락으로 끼워 넣은 뒤늦은 후회 역시 머메이드 방식으로 까매졌다 밤은 나에게 자학한 사람인 듯 와서 유리창에 찬 입김을 긋고 가끔은 흰 어법으로 들이치기도 했다

계절에 미뤄왔던 잠을 열었다 느리게 돌아가는 필름 뒤돌아보는 음률의 춤사위가 가파르고 커튼콜은 계속되었다 겨우내 입안에 머물던 말랑한 생각들 물 위로 걸어간 사람처럼 방랑은 이어지고

창밖으로 내려다보이는 이어진 사물과 사람 사이로 공중

을 가로지르는 비행들 역시 가차 없는 추락이 될까 불안이 나의 속성이고 미래가 나의 과거 같았다 오를 수 없는 벽을 오르는 담쟁이처럼 어둡게 변용한 문장처럼 신이 사람보다 쉽다는 말에서 주춤거렸다 계절의 혈관 따라 흘러가는 마지막은 언제나 입체적이지

빈貧

출구는 어디쯤일까 반복되는 경계를 지우려는 시간이 변명으로 다가왔다 변명은 어디쯤일까 경계의 뒤에는 다른 경계가 싹트고 거들떠보지 않아 이미 나를 지나쳐버린 심연深淵이 있다

방황은 나를 바닥에 눕혔다 어깨에 앉은 계절의 마른 가지들 털어냈다 흰 강에 발을 씻으면 막막함이 몰려왔다 몸을 감췄지만 익숙함에 습관은 관습으로 함몰되고 몰두했던 시간들 엉성하게 잡은 손이 되었을까 살아야 한다는 다짐을 중얼거렸다

내가 살던 곳으로 되돌아가도 사이에 낀 강물 같기만 한데 걸을 때마다 경계는 한 뼘 더 넓어지고 발걸음은 무덤이 되었다

강물의 체온을 듣는 사이 누가 저 많은 돌을 던졌을까 돌멩이 날아와 몸에 닿았던 슬픔 중력으로 받아냈을까

내가 내 마음을 기웃하는 날이 많아졌다 시작이 꿈이라면 현실을 깨우는 것은 보이지 않았던 미래가 드러난다는 것 물 채운 손을 공중에 들어 올리고 별을 지나 별에 닿을 수 없듯이 변명은 경계가 모호했다 오래 머물던 자리가 빈 같았다

사람들

　지그재그로 걸었다 의식과 무의식이 같은 어법이라고 생각했던 그즈음 발작과 이념에 관한 생각에서 차츰 길들여진 짐승이 되어가고 있다

　장미는 겨울에 피고 국화는 봄에 필 거라 약속한 우리의 법전 나의 페르소나 두 번째 행간 왼쪽에 걸려 있다 흐림은 태양의 결혼식 맑음은 태양의 장례식이라고 생각해야 옳을까 우리의 법전은 어디로 사라졌을까

　세계가 비틀거리며 걸어가고 발작에 대하여 중얼거렸다 비가 내리면 나는 우산 밖으로 튕겨 나가는 기분이 들곤 했어 목에 감은 머플러, 나의 집착 누가 가져갔을까

　장미는 몇 시부터 붉었을까 의문의 벽에 부딪히기도 했다 몽환적인 사람들과 달빛 아래의 왈츠 우리의 먹이사슬이지

　"Que Sera, Sera"

이념 따윈 생각하지 않아 계절이 바뀌는 것을 동물의 여행 시간이라고 믿으면 돼 동물과 사람의 경계는 무엇으로 감당할까 한낮의 유리창에 나비를 붙이는 모습이 미학적일까 담장에 기대어 잠을 자고 꿈을 꾸면 강물은 기분을 통해서만 상자가 되었다 우리의 몽환적인 문화일까 혀끝에 주둔하는 사계의 강물은 페이지마다 매웠다 모든 날의 우리를 뭉쳐 무덤이 되었다 어둠이 관능으로 지구가 바다로 영혼이 영원으로 바뀌어갔다 내일의 사람들은 어디에서 방황해야 할까

산책

질문은 대답 같았고 대답은 질문 위로 포개졌다 어떤 느낌이 들었을까 립스틱을 매번 고쳐 바르는 건 오랜 습관이 되었다 불안해지면 G선상의 아리아를 허밍으로 흥얼거리며 길을 걷는 습관을 지나서 누군가를 부르지 않으면 불안해지는 번 아웃이 되곤 했다

허밍으로 깊어지는 생각, 오래 머뭇거렸다는 것일까 어제는 비를 맞으며 대답과 질문 사이 산책도 질문도 되지 못한 채 떨어져 나간 의심을 끌어안고 나는 공중에 매달린 거미줄 같았다

거미줄은 풍경으로 다가왔다 허공에 산란하는 불빛처럼 길을 안내해 주는 표지판처럼 대답은 다시 되돌릴 수 없는 질문 같다는 것

가까이선 볼 수 없는 표정 속에서 의문은 길을 낳고 길은 대답을 낳았을까 주변을 둘러보면 얼굴 가득 햇빛을 안고 햇빛에 더 깊숙이 얼굴을 집어넣었다

기억을 만지며 대답 속 산책이었다

스칼릿 장미

무릎에 떨어진 꽃잎을 연인인 줄 알고 이차원으로 손을 잡았다 알고 보면 미완의 영속이다

불분명한 색깔이 나에게 스며들었다 이런 설정은 너무 진부한 걸까 던진 사물과 절벽 모두가 알고 보면 미완의 영속이다 그날의 구름을 오독했던 것처럼

붉어졌다는 노을을 배경으로 일탈한 자의 아름다움이 있다 벽으로 눈빛으로 겨울의 꽃잎으로 흩날리다가 계절의 얼굴로 바뀌는 씨앗처럼 나는 나를 흩뿌렸다 오래된 서사 오른쪽 옆구리에서 싹이 돋는지 어떤 결말에도 거짓 같았고 눈을 뜨면 절벽과 마주하는 언덕에서 나의 나를 더듬었다

창틈으로 음악이 자라고 있다 어디서 모차르트 클라리넷 협주곡 2악장이 옷깃에 스며들고 여기가 어디일까 낯선 눈동자가 나의 계절에 머물고

문밖에는 언제나 사막 혼돈의 식은 빛이 엎어졌다 계절이

나를 옮기고 있다 바람의 파편처럼 옆 유리창을 때리고 황폐한 행간에 대하여 빨강으로 색칠했다

아카이브

　오늘의 관을 닫았다 사막을 지나고 낯선 땅에 도착하면 궤도를 이탈한 행렬이 서 있고 나만 몰랐던 계절 속에서 꽃을 피우기도 했다

　우연히 갇혔다 우리의 내적 갈등이고 삭제하는 우리였다 과거에 대하여 영속하는 것들의 소름 끼치는 아름다움에 대하여 생각했다

　오후의 기분은 강물이다 모차르트 레퀴엠 D단조가 나의 서사에 관을 짜고 있다 홀로라는 언어가 폭우를 몰고 왔다

　두려움의 옷을 갈아입고 앞으로의 힘듦에 대하여 폭우에 대하여 라고 쓴 파일을 검색했다 장미 옆에서 햇빛을 만지는 게 전부였던 생각은 꽃잎 크기에서 멈추었다

　꽃잎은 얼마나 많은 침묵을 껴입었을까 창틈으로 들어온 빛이 파일을 지운다 문장이 자라는 시간이다 우리의 사전을 거역하는 것일까

구름의 혈관을 타고 자라나는 소리가 있을까 넝쿨은 바스라지고 기억 따윈 스며들지 않았다 밤하늘을 항해하는 은하 속에는 모든 길이 들어 있다고 누가 말을 했다

길은 삭제된 파일이다

에스키스, 우리

우리의 뒷모습이 누군가를 위하여 부르는 레퀴엠처럼 첨부터 단조로 시작되었다 지그재그로 그린 그림이 돌아갈 것을 마음에 둔 너처럼 조금씩 흔들리는 부스러기처럼

하릴없는 아이들이 시간을 헤매며 바깥에 흩어져 나뒹구는 영혼 같아서 나는 언제나 창가에 머물던 붉은 문장이다

골목과 거리의 변화를 중얼거리는 사이 우리가 사는 계절의 불안과 무기력을 뛰어넘고 창들은 불이 켜지지 않고 영원처럼 꺼져 있다 오래 침묵하며 가보지 못한 기억의 프로방스를 내디디며 낯선 문장에 젖곤 했다

우리의 잘못이 아닌 나의 잘못이란 걸 네가 떠나고 난 후에야 깨달았다 시작도 결말도 없는 얼룩을 열었다 죽은 자가 남긴 흐린 영혼과 긴 어법에 관하여 침묵했다

목에 묶은 나일론 끈이 생의 도구일까 머플러일까를 놓고 논쟁이 벌어지고 떠나간 그림자들을 얇게 접어 웅크려 본다

이름을 잃고, 잊어버리고 거짓말을 하고, 한 시대를 숨기는 변용 크로키한다 모호함과 애매함은 가족일까

　나무 아래 쌓인 저 수북한 그림자들이 우리의 기원이 아닐까 노란 밤이 기억을 닫았다

체리의 계절

　체리는 해맑은 표정을 하고 있다 체리는 분홍 체리가 체리의 기분 가진다 한들 아무도 없는 창가에서 하얀 구름을 당긴 다음 천천히 실내를 한 바퀴 둘러보고 발소리가 멀어졌다 바닥에 닿은 눈길이 붉어진 게 전부였다

　세상에 흔한 것이 죽음이다 목공의 거친 손이 목관을 짠 다음 칠흑 같은 창문들을 만들었다

　담장을 넘고 물비린내마저 뛰어넘은 상갓집 사람의 부복한 자세는 먼 북쪽으로 밤을 새우고 지금은 다시 저물녘이니 이렇게 웅크린 자세로 긴 밤을 견디려면 달빛을 타듯 숨을 고르며 체리는 자던 잠을 또 자야겠지

　여름 지나 가을이 오고 다시 졸음이 오듯 겨울이 왔다 햇살은 체리의 이마를 쓸고 간다

　밤새도록 누워 있어도 울음이 쏟아질 것만 같은 체리는 체리 머리 위로 열리는 창문을 가진 적 없다

구름은 잊힌 사람들이 오고 가는 수많은 복도를 가졌다 복도에 햇살이 비친다 복도가 햇살에 녹고 있다 복도는 이제 정물 창문을 통하지 않고 밖으로 뛰쳐나온 체리는 체리 나의 체리가 이제 당신의 놀이공원이 될 수 없다

체리는 체리의 불빛이 되어야지

식물과 동물 사이, 우리는

　동물의 언어로 지구를 깨웠다 삽화 같은 구름이 햇살을 일으킨다 알아들을 수 없는 우리는 식물이 되었다가 가끔은 몸을 바꾸지 때론 동물이 되었다가 왜 식물로 몸을 바꾸는지

　식물과 동물은 마음이 통할까 나는 동물과 식물 사이를 이어주는
　가교架橋가 되고

　우리는 동물과 어울릴까 식물과 어울릴까 이런 감정의 생각 속에는 우린 모두가 동물이고 식물이란 것 의문은 슬픔이 되었다 담장 아래 핀 키 작은 풀꽃의 각일까

　정원에 멈춰 서 있을 때였다 감정을 내려놓는 순간 꽃에 바짝 붙은 돌멩이와 가능한 색조로 돌멩이처럼 흔들렸다

　결핍과 과잉이 굴절되고 산란하는 빛 방황하는 어둠의 퍼즐이 굴러갔다 꿈을 낳는 빛과 비가 내리기 전 식물들의 관성처럼 동물로 식물로 오가는 우리의 습성처럼

포이즌

바다 위를 걷고 있는 나는 무모할까 위악적일까 혐의를 벗지 못한 계절과 담장이 없으면 나의 이름을 가질 수 있을 거라 생각했다 계절을 지나온 행성의 궤도와 같이 내면의 암흑과 밤 11시 같은 관성에 몰두했다

길은 부서지기 위한 질주일까 무모한 걸음은 얼마나 힘이 들까 오늘도 결연하게 나는 바다 위를 걸었다 여긴 세상에 없는 바다에 발을 얹어보는 게 전부이다 걸음은 처음 후각을 가진 물의 수심에 맞추었다

신발을 벗어 놓고 걷는 여정은 어디쯤일까 목적지가 없는 생각은 메아리만을 불러냈다 명징의 법칙에 대하여 라는 말을 뱉었다 늘어나는 웅덩이를 채우는 사물은, 최초의 탄식 마른 기억에 나를 매달고 손을 저어보는 것

생각이 잦아들기를 기다리며 뒤섞인 착란과 윤곽에 맞물린 시제들이 겹친 계절이 그렇듯 길은 보이지 않고 다시 바다 위를 걸었다

해후邂逅

자정을 넘긴 불빛이 먼 건물 뒤편으로 사라졌다 오늘의 레퀴엠을 듣는다 흰 발자국이 남긴 모래성으로 돌아오는 빛을 다정하게 반길 수 있을까 허물어진다는 말은 아랍어 같았고 너는 정독을 해도 오독이다

멀어져 가는 너를 부르면 뒤돌아보는 실루엣이 나였다 계절이 말없이 지나가고 기억 너머의 모래성이 너를 기억할까 자정 너머의 발자국이 눈에 밟혔다

철 지난 손짓들 언저리까지 차올라 눈을 감으면 창에 매달린 잎처럼 흔적 없이 사라지는 소리, 산다는 것은 기다린다는 것일까

내게 잠시 흐르던 것들은 그렇게 허물어져 갔다

눈 감은 순간에도 새로운 이름이 눈을 뜨고 서로 다른 사계들이 한 곳에서 이마를 맞댈 수 있을까 레이어드 계절은 어디에 있을까

온종일 바람이 불고 다가온 것들이 흔들리다 비가 되었고 여기는 삶과 죽음의 회색지대 붉음이라는 말 속에는 발자국과 도서관 그리고 이슬이 있다 멀어져가는 발자국이 누구였을까 자정 끝에서 휘청거렸다

제3부

모데라토

기억의 습작

행거에 걸어두었던 기억일까 밤에 쓴 문장 속에는 나비, 정물로 앉아 밖을 데생하고 간헐적으로 찾아오는 계절을 지운다는 것은 수프를 떠먹으면서 굴러가 버린 사라사테의 치고이너바이젠

창 아래 골목에는 어제의 그림자가 남아 있고 강아지를 안고 누군가를 기다리는 치맛자락 끝으로 어둠이 흐트러져 뒹굴고 해독 불가능한 생각이 멀어졌다

길 잃은 고양이처럼 가끔씩 반겨주는 주인공처럼 오늘을 살아내는 것은 공중에 매단 자가 전신을 떨며 우는 무서움을 잃지 않는 것 질서에서 벗어나는 오후 사이로 틈이 자라고

나비 한 마리 꽃을 동그랗게 굴려 먹는 사차원의 생각 속엔 아이가 꿈을 만들고 있을까 죽은 사람과 산 사람이 기대어 있는 페이지를 들춰보면 낯익은 체온이 지문을 타고 전해오고 창틈으로 들어온 빛이 어둠을 가른다

이곳에도 낱장 사이 기압골이 있어 새로운 바람이 분다
내 안의 페이지를 넘기면 나는 가끔 살아 있는 것 같다

물끄러미

　내 안에 흐르는 불안 그리고 하얀 가운의 숲에서 나는 담장 너머의 그림자처럼 손을 흔들었다 담장 너머의 절벽엔 또 다른 절벽이 쌓이고 일탈한 자의 마지막 순간처럼 되뇌어본다

　목맨 머플러 너머 누군가는 흐린 빗발로 몸을 감추고 있는지 사라지는 마지막이 전신을 떤다 문장과 행간 사이엔 위악과 침묵이 들어 있고 기억 속 어제의 기억들이 맨발로 걸어 나온다 빨강과 노랑을 섞으면 가을이 온다는데 머리 푼 어둠이 나일까 봐 불안을 의자 대신 앉혀 두고 어디를 향할까 물끄러미 너머의 세상을 본다 우연히 갇힌 섬에서 노란 향이 번진다 바닥엔 희미한 반성이 고이고 식은 빛 너머의 계절을 생각했다 풍경이 차이콥스키의 백조의 호수처럼 하얗다

　깊은 숨소리 들었다 우리 모두가 혼자라는 것 세상에 없는 담장을 무너뜨리고 사람을 피하는 방식을 어떻게 설명해야 할까

구름의 지퍼를 열고 계절에 맞는 화법을 주고받는지 잠시 하늘이 푸르다 아르케의 잠에 머물던 희미한 창 너머로 내가 가고 네가 왔다 물성을 가진 그림자들 하얀 가운의 끝자락에 매달렸던 밤 흰 페이지 한 장 넘겼다

번 아웃

　수많은 걸음이 허공이었다 모든 것이 끝이라고 믿는 그의 눈빛 속으로 계절이 쏟아지고 자책하는 나무가 그림자를 지우듯 일탈한 자의 마지막 순간처럼

　계절이 열리면 모두 물음표처럼 보일 것 같아 떨어지는 꽃잎 아래서 나는 아무도 몰래 기억의 흰 마디를 꺼내어본다

　인습과 관습에 매몰된 우리는 우리 안에서만 허물을 벗었다

　내 마음속 시니시즘 하나를 더 만들었다 그 속에 앉아 기다리면 우리가 될까 느낌표 같은 말을 행거에 걸으며 의식인 듯 아닌 듯 깊은 곳 고요를 퍼 올려 혼자 지워지는 번 아웃 같은

　망각과 존재 발작과 중독에 대하여 라는 말을 되뇌어본다 기다림과 존재는 허공을 만드는 것일까 한 시대를 건너려면 얼마나 많은 허공이 생겨나야 할까

창에 흘러내리는 빗물은 이해일까 또 다른 비극일까 차이콥스키의 비창 같은

브람스를 좋아하세요

    안단테의 리듬으로 걸어오는 여름 한낮 사계가 강물처럼 흐른다면 현에 기대어 잠들었고 꿈속에서 자일리톨 껌을 씹어요 우리의 연주가 될까 구부정하게 휘어 있는 내 안의 이분쉼표는 중심을 잃고 내일은 사랑스럽게 아플 거예요 만남은 바깥에 있고 난 생각을 껴안고 건반 속으로 들어가고 계절이 오래 떠나지 않아도 우리의 연주를 물들일 거야

    안단테와 라르고 사이의 아다지오로 흐르지만 아래는 절벽 같았다 내 안의 침묵으로 변해버린 브람스의 자장가, 일어서며 옥타브를 높였다 넌 침묵이 묘약이라 말했지 그 생각이 모차르트 피아노 협주곡 21번 같았지

    건반을 열면 세 번째 꿈을 쏟아낼 것 같은 열정은 기억 아래 잠기고 완전히 다른 물결 위에 음률과 불안을 끼얹으며 밤새도록 꿈속을 헤매는 우리의 세레나데 무덤처럼 깊게 팬 창 너머로 모든 날의 음을 모아 우리의 세계가 될 수 있을까

    교향곡 4번에서 기다릴게 자장가는 우리의 설렘을 덮었

지만 그때의 생각만으로 기다릴 수 있을 것 같아 즉흥곡 슈만의 트로이메라이 연주를 할까 흰 건반에서 멈추면 우린 백허그하는 거야

상사화

꽃잎 한 장 넘겼다 구멍처럼 캄캄한 목소리로 누군가를 부르는 걸까 기다리는 걸까 어둠 속 우리가 그은 경계는 점점 희미해지고 다시 제자리로 간 기억을 따라 덜컹거리고 우리의 눈빛이 어두워 몇 번을 마주하다 하얘졌다

꽃잎의 기억으로 한걸음 엇나갈 때마다 손바닥에 펼쳐진 검은 지문처럼 비명소리 멀어지고 알 수 없는 강물의 유입으로 침묵은 송두리째 떠내려갔다 나의 서사는 아닐 거라 자만하며 혼잣말로 중얼거렸다 서로 다른 길을 걸으며 불 켜진 거리를 안으며 멀어지는데 누구도 무언가 알 수 없는 바닥과 나선의 그물망 사이로 어제의 표정을 더듬었다 기억을 덧칠해도 서로의 손에 나눠 가진 꽃잎들은 어디로 갔을까 기다림이 한 채의 표정 속에 갇히고 손톱에 물들인 봉숭아 꽃물이 옅어지며 번져 가는데 네가 밑줄 그은 경계는 희미해지고 꽃잎은 네가 주고 간 선물일까 얼룩일까

되감을 수 없는 기억은 낡아 흩어지고 잎과 입을 찾아 오래 두리번거리면 퍼즐이 맞춰질까 손금 아래 혼절하는 미래

를 들여다본다 지문 끝으로 사라지다 깜깜해지는 한 다발의
묘연함으로 쇼팽의 에튀드 속을 걸어볼까

마지막 왈츠

장미의 웃음이 묘약일 때 너의 목소리는 누구의 영역일까 나는 그날에 수없이 데이고 말았지만 아직도 모호함으로 남았을까 나는 장미처럼 빨갛게 웃습니다

몸이 부풀었다 꺼진다 해도 창문 아래 피어 있는 루드베키아 붉음으로 베토벤 월광 소나타를 연주해요

불가능을 가능으로 아물지 않은 상처를 메우고 있습니다 너의 목소리가 휘어지면 기억은 더욱 뾰족해지니까요

지루함의 몸을 바꾸고 너는 바람의 관성으로 장미를 던졌지요 휘장 안의 배우처럼 난 오로지 경계 안에서만 연기를 합니다 나의 반복되는 연기에 싫증이 났을까

휘장 안의 연기가 내가 살아 있다는 증거입니다 색다른 연기가 존재할까요 누르며 삭이며 때론 눈물의 껍질로 싸매곤 해도 마지막 왈츠처럼 나는

수련

몸의 중력을 기울이며 가라앉지 못하고 부유하는 강물 소리 듣는다 무서움과 불안은 어떤 차이가 있을까 가벼움이 무거움을 건디는 계절의 한낮 물의 어깨에 기대어 잠에 든 나른한 꽃 한 채 나는 채송화 꽃잎에 이마를 대보는 게 전부였기에 생각은 옅은 바람결에서 자주 멈추었다 생각이 아프다 누군가의 소리에 선잠 깨 물소리 듣는다 발목 적시며 강물 아래 잠긴 나뭇가지에 기억을 덧대고 아직도 침묵이 묘약일 때 물방울처럼 구르는 눈물이 슈만의 트로이메라이 같았다

강물을 건너지 못했다 네가 내게로 건너온다 해도 난 믿지 않았다 불안이 자라는데 대책 없이 다가오는 것과 멀어지는 것들이 있다 들이치는 빗줄기와 물방울 소리 가까워 하얗고 너의 왼 심장은 너무 멀어 검다 강물을 건너고 빗줄기 들이쳐도 불안이 먼저 자라고 세상에 버려진 행성처럼 나는 물을 둘러싼 발작과 흐르는 관계를 느슨하게 잡아본다

태양은 위성 중심으로 돌아가고 분리되고 다시 새롭게 자라나는 불안 속의 차가운 피, 은폐하는 눈물일까

시놉시스

 밤의 담장에 궁륭을 붙이는 손가락을 미학적이라 말할 수 있을까 문을 열면 침묵을 쏟아낼 것 같은 집 오른손엔 계단을 껴안고 왼손엔 여름을 움켜쥔 담장의 소멸과 중독은 다면적이지 벽에 기대어 잠들었고 나쁜 꿈은 제1장에서 막이 내렸다 커튼콜이 계속되었다 여러 번 일어서고 넘어지며 미미한 뒷발치에 대하여 물 위를 걷는 무모함에 대하여 나열해 본다 움직이는 것들은 모두 경계가 불분명하다 침묵이 뒤엉킨 도시에서 골목과 사람의 경계를 그을 수 있을까 도시의 비밀과 접은 계절을 말할 수 있을까 가을을 솎아낸 자리에 상자를 심었다 벽에 걸린 마른 장미는 부서지기 전에 버려지는 무모함은
 무엇을 의미하는지 사계가 강물의 기원처럼 흐른다면 입술을 깨문 후에 급류가 되는 강은 멈출 수는 없어도 삭제할 수는 있다 강물은 침묵 상자로 바뀌었다 밤을 뒤집어쓴 사람이 침묵 상자를 저어간다 강물은 기원 아래 잠기고 다른 물결 위에 계절과 허무와 남루한 모더니즘을 끼얹으며 밤새도록 헤매는 우리의 문화 사방연속무늬와 잦은 착란을 분리되게 가위질하고 계절이 떠난 후에 붙여볼까 물의 귀에 대

고 거부하듯 커튼콜을 예감하는 문장들 속으로 슈만의 클라라, 걸어온다

해바라기

너를 바라보면 그 안에 사람이 있듯 처음부터 빛을 따라 노랗게 계절이 흘러가는 것은 어느 면이 울고 있다는 것 빛 사이로 물관을 따라 한낮을 접었다 펴며 하루를 또 넘기고 오직 빛만 바라보다 길을 잃고 계절을 놓치곤 했던 그즈음 나도 장미가 될 뻔했던 시간이 내재되어 있다

아무것도 궁금하지 않은 듯 땅에 누워 허공의 별을 떼는 모습을 가학적이라 할 수 있을까 멘델스존의 피아노 트리오 1번처럼

너라는 비밀번호가 바뀌어 가는 모습은 흩어놓은 마른 꽃들처럼 드러나지 않았고 바람 없는 들판 있을까 파도 없는 바다 없듯이 다음 계절엔 무슨 꽃으로 피워볼까

목련의 마음으로 여행길에 오르면 몸을 감추던 눈빛들이 모여들었다 나무들은 비켜서고 바람은 늘 곁에 있지 않는 사람을 찾듯 철 지난 꽃을 찾았고 골목 끝 커튼이 흔들리면 얼굴을 마주하는 사람들 사이로 집으로 돌아가는 발걸음이

왜 아플까

　우리는 질퍽한 바닥을 찾았을까 산다는 것은 늘 젖었다 물관 속에서 만나면 천국에 닿을 수 있을까

　두 갈래로 땋은 머리처럼 생각은 동쪽과 서쪽으로 나누어지고 스커트를 입은 해바라기 노을빛을 꺼낼까

고흐의 토요일

손잡이를 당기면
오후의 휴일이 걸어 나올까

밝은 네모, 그림자 없는 그림자가
옅어진다는 일기예보
모르는 사람들은
창을 열었다

B에서 걷다 보면
걸음이 물고기를 닮는다

사생아처럼 건조한 잠언이 되고
길은 노랗다

신문에서 셀 위 댄스가
G면을 장식하고
립스틱을 바르는 순간
햇빛과 함께 걸어 나오는

원뿔 무지개

하얀 우산 세 개

보라와 노랑 사이에 걸려 있고

A의 마개, C컵의 물방울

화상 파일에 떨어졌다

존댓말은 비비크림의 잔여물

파일을 삭제하고

로터리를 망토처럼 두르고

운명을 바꾸러 가는 오후, 바람이

브람스 소나타 3악장 건너편으로 휘어졌다

영화 같은

한낮의 별이 떨어지는 물음에 골몰하며 봄의 크리스마스를 버렸다 창 아래 핀 여름 한 잎을 떼어 거실로 들어왔다 문자를 보냈다 스무 살의 페이지가 한 편의 영화 같다는 생각들이 마흔두 살에도 그 끈을 놓지 못하는 방황의 끝

별을 데려와 밤이 맞도록 이마에 붙일까 버렸던 봄의 크리스마스가

한 편의 영화가 될까 창 아래로 뛰어내리는 크로키 같은 생각을 거둬도 여름의 크리스마스는 동토가 되었고 반쯤 열린 창에 흩날리는 그림자가 한여름 밤의 크리스마스 같았다

이따금 쿨럭이는 머플러처럼 너는 내 목에 감은 겨울을 길게 당기며 우리 한 번 만날까

(이러다 내가 죽을까? 네가 죽을래?)

우린 이미 돌아선 등이 되어 풍경 속으로 스멀스멀 숨어들고 어제 먹다 둔 수프와 커피가 색다르게 겹쳤다 행거에

걸린 빨강 모자가 몸을 감췄다 모자, 모차르트 레퀴엠 뒤에서 걸어 나온다

오브제

 불을 켜면 벽이 사라지는 착시일까 사실은 집이 통째로 사라졌는지도 몰라 세계를 빛과 색의 모호함으로 분류했다 어둠이 퇴적하는 유래와 밭은기침 소리는 입체적이지 나의 머플러는 너의 항아리 무슨 까닭일까 우리가 알고 있는 채도를 덮으면 강물이라는 말

 행간을 바꿨다 실체와 사유가 분리되지 않은 안과 밖의 혼돈처럼 우리의 말이 낯설어 책을 덮고 눈을 감는 사이 창에 머물던 계절이 벽을 넘었다 노란 블록을 쌓아 올리면 우리가 완성될까 우리의 감정이 같은 색일 거라 믿기로 했다 비밀이 명징을 덮고 영원할 수 있을까

 손금이 낯은 그림자 익숙하지 않은 지문 비밀이 비극이 될까 봐 아물지 않은 손톱 아래를 상상했다 안개의 눈빛으로 헐렁한 오늘을 담았다 내부의 풍경이 착란을 일으킨다는 어법에서 잠시 걸음을 멈추었다 편견이 시간의 뿌리에 닿았다 우리의 화폭이 강물이 될 수 있다는 말 커피를 마시고 생각 속 장미가 밤새 계절을 몰고 왔다

나는 흠뻑 젖은 수건처럼 여름에 머물던 너의 창에 누군가의 뒷모습으로 흘러내리면 다행이라고 생각해 기울어져 가는 나무 아래 젖은 크로키처럼 쏟아지는 갈증이 세계가 부정하는 오브제가 될까 베일 아래 숨겨진 그림자 같았다 슈만. 시인의 사랑(op. 48)은 어디에 주파수를 맞출까

변증법

 긴 의자에 앉아 몇 대의 버스를 보내고 지나가는 사람들을 무심하게 바라본다 잘못 내린 것일까 잠시의 풍경에 내려야 할 장소를 놓친 것인지 방황하는 사람들 사이로 이미 떠난 사람도 있다

 그곳에는 벤치가 놓여 있었지만 어디에도 움직일 수 없다 때론 시간을 매울 곳이 많은 게 다행이라고 생각했다 벤치에 앉아서 하늘을 읽었다 나는 살아 있다 문장과 함께 써가는 나의 연대기 행간 사이 기압골이 있어 비바람이 걸어오고

 움직이는 것은 모두 어디에 있을까 소리가 크게 들리는 방향으로 고개 돌리면 반복되는 거리의 풍경에 길을 잃었다 흔들리는 나무의 움직임은 슬픔의 크기와 비례할까 나의 기다림은 어디에 있을까

 그곳에 맞지 않은 나의 모순들 나는 오래된 어둠을 설득하고 우두커니 로 서 있다 하염없는 기다림은 반론일까 변

론일까 내일의 물음표는 어디에 걸어둬야 할까 모차르트 클라리넷 협주곡 2악장에 걸어볼까

어반 스케치

나무들이 치맛자락 흔드는 강가 계절의 언덕에 앉아 지난 겨울을 던졌다 눈앞에 펼쳐진 은유들 먼 풍경 너머 그림자처럼 납작하다 십일월의 눈빛으로 너의 마음을 스케치한다

흔들리지 않고 꽃 피울 수 있을까 오롯이 잠길 수 없듯 멀어진 중심을 향해 바람을 밀고 가는 강물 쉼 없는 날갯짓에 몸이 기울고 창문마저 흔들렸다

낮게 날아가는 새들처럼 강의 마음을 드로잉할 수 있을까 저문 강가에 쌓여가는 발자국들 생각이 비틀거렸다 손금 아래 혼절하는 나의 미래를 본다 질펀한 토마토일까 노을의 붉음일까

던졌던 마음 한 다발 속에는 이야기 한 올도 존재하지 않았다 기억이 엎어진다 모래알이 되어가는 기억을 새기며 흐르는데 나의 경계는 까매지고 모두 제자리로 돌아가고 바라볼 수 있는 강물들이 필요해서 창문이 만들어졌을까 중얼거

리는 동안 계절이 바뀌었다 풍경이 바흐, 커피 칸타타처럼 말랑하다

: 제4부

알레그리시모

붉음

　붉다는 것은 불가능을 가능하게 해 주는 내면의 자책일까 붉음 속에서 먹고 잠을 자고 읽지도 버리지도 못하는 색을 껴안고 방에 들어갔다 생각 속 얼굴이 묽어졌다

　습관을 바꿔 보기로 했다 색과 자책을 혼합하면 자책은 나만의 전유물이 되었다

　무덤을 만들고 숲을 이루고 이름 없는 새들이 날아와 행간에 앉았다 불완전한 완벽함이 몸을 바꿔가며 시퍼렇게 붉히고 대답이 비가 되어 내린다 꽃잎 하나가 멍하니 떨어지다 멈추고 지금은 어디에도 없는 퍼즐을 조립하는 시간

　몸을 잠근다 마른 소문이 벽에 꽃처럼 피고 지고 내게는 없는 표정이 이렇게 낮은 자세를 취할 수 있을까

　눈을 감으면 보이는 것은 눈 속에 머물고 보이지 않는 것은 어둠을 잡고 보이지 않는 방향으로 스며들었다

안과 밖이 붉다 자음의 본체는 어디에 있을까 모음은 모음끼리 이름도 없이 죽어갈까 현상 너머를 생각한다 멘델스존의 한여름 밤의 꿈이 빨갛다

어렴풋이, 여름

　어둠이 퇴적하는 유래와 하늘 아래를 걸어서 가고 있는 메마른 관능에 대하여 탐색했다 책을 덮으면 밑줄이 그어지고 깊은 행간 속에 빠져 실종된 사람들은 배경이 되어 돌아왔다

　파도는 키를 세우고 높고 확연한 것의 지극한 명징에 대하여 분명한 하늘과 사람은 어둡게 바닥은 검게 분별한 어법에 대하여 출렁거렸다

　많이 쓰고 읽는 날엔 한 편의 서사가 되었다 끝인지 알 수 없는 조각들이 퍼즐처럼 페이지마다 흩어지는 건 경계 없이 서로를 밀며 떠내려간다는 것

　차가운 모래알처럼 별들이 멀어지는 수평선 서로의 목덜미를 부비는 새들이라 말하는 생각이 자국을 냈다 밤으로 스며드는 것들이 얇아지기 때문일까

　책을 태우면서 기억은 춤을 추고 젖은 몸을 말리지 않는

건 구름을 보면 떠오르는 계절이 있어서라고 여름의 숲에서 혼잣말로 중얼거렸다

    지금은 밀물의 행간 죽은 자가 남긴 나머지를 겨우 사는 이야기는 끝이 없다 나는 마음을 드러내지 않는 슈베르트의 세레나데를 손바닥에 옮겨 적었다

여름 소나타

   꽃잎을 열면 못다 읽은 문장이 걸어 나오고 오후 다섯 시의 음률이 흘러내리는 여름 소나타처럼 너무 오래 연주에만 몰입했을까

   우리가 별처럼 쏟아지던 날 아직 이름이 되지 못한 작은 알갱이들 일렁이면서 모호한 언저리가 느슨했다 몇 번 흔들린 후에도 이름을 얻지 못하고 색이 되지 못하고 잊혀질 것 같은 여름 속에서 별이 뜨고 진다

   아무렇게나 분류하던 책처럼 한 올 흘러내린 무색의 끝 한 올 당기면 저음의 향기를 쫓아서 무너질 것 같은 담장을 사이에 두고 계단 위엔 사람들이 집으로 돌아가고 그늘 아래의 기억을 뱉어내는 듯 서로를 붙들어 무리를 이루고

   뱉어낸 말을 다시 되새길 때 나는 다시 고개를 돌려서 계단을 본다 여름을 빠져나온 베토벤 첼로 소나타를 기억해 내는 동안 나는 닿을 듯 말 듯 감았던 눈을 떴다

그것이 우리의 여름이란 걸 생각하는 일이 오래된 문자처럼 얼룩으로 남아 있고 밤이면 무릎을 마주한 채 시간에 구르던 나만의 서사 여름날의 첼로 소나타로 멀어져갔다

연보라

어렴풋이 계절이 왔다 가고 연보라의 마음으로 마른 꽃잎들이 벽에 기대어 흔들리고 있다 봄여름가을겨울을 놓쳐버린 저녁 여섯 시 같은 꽃잎이 내가 아닐까 혐의를 벗지 못한 침묵을 인사말 대신 두고 내일의 여정은 소나타일까 꽃잎일까

손에 들고 있는 시간이 길을 안내하는 강물처럼 잠시 출렁이고 무관심 속에서 이다음의 여정을 꺼낼 준비를 하는지 그림자는 그림자들끼리 빗금을 긋는다

웃음도 색깔이 있을까 잔잔하고 때로는 내면의 전율 같은 색을 만든다 억압된 숨소리가 가파르다 바닥을 향해 웃음을 짖어대고 몸이 쏟아지는 행방이 묘약일 때 옷자락에 매달린 옅은 미소 노을을 배경으로 숨을 참는 마지막이 5월의 크리스마스 같았다

길이 다시 태어날 때 보라의 마음으로 온전히 스며들기를 그림자 밖으로 흘러가 버리지 않을 만큼 마음을 다듬고 은

유처럼 내면을 감추어야지 윤곽에 맞물린 언저리처럼 뼈만 남은 주검을 뒤에서 끌어안는 나의 시크릿. 스며들고 물들고 밀려나고 엎어지는 베토벤 소나타 9번이 연보라가 될 수 있을까

이분법에 대한 사고

 돌아갈 수 없는 집 캄캄하고 비어 있으나 흰 방 빛을 감춘 그림자가 밖으로 나가 나무 아래를 헤매는 그림자의 그림자들

 연민을 연인으로 변환하는 생각 속 마주하는 오랜 예감처럼 한 올의 감정이 구부정하다 몸에서 빠져나온 그림자 펄럭이고 집착이 번지는 방향으로 걸어가는 발목들에게 결핍과 과잉이 교차된다

 그림자 밖에서 산란하는 빛, 동물은 식물과 가능은 불가능과 서로 맞대어 엎어지고 걸리고 등 돌린 언덕으로 초원은 길게 이어졌다 꿈 잃은 잠 속에서 꿈을 찾는다

 지난겨울을 되새겨본다 나무 의자는 우리의 어깨에 손을 뻗는다 풍경이 교차하는 것일까 두 개의 빛에서 뻗어 나온 그림자가 바닥에 달라붙은 어둠을 떼어내고 있다

 우리는 흔들리고 저무는 바람은 너를 읽는 감각이다 그림

자를 만드는 창마다 강물이 쏟아졌다 보이지 않던 낯선 길이 생겼을까 결핍이 집착을 껴안고 베토벤 전원 교향곡 6번으로 선분을 그어본다

접은 계절

    계절 한 페이지가 접혀 있다 계절은 연분홍을 넘어 파스텔화 같았다

    계절과 어깨를 같이하고 담장을 넘었던 수척해진 잎, 입으로 마당 너머를 기웃하고 얼마나 많은 물길을 끌어올리면 색들이 파랗게 되었을까

    먼 곳의 강물 소리와 아이 적 서툰 노래 내가 떠난 뒤에도 분홍 꽃을 피웠을까 낮과 밤도 없이 빗줄기에 하늘이 온통 잠기는 장마가 오고 빗물에 떠내려가던 입처럼 바람과 맞서 싸우다 넘어진 정물과 이차원의 꽃잎 같은

    계절은 숲에서 설익은 정물로 먼 길을 걸었다 구름은 무거워 비를 데리고 왔다 이파리 뒤에 써놓은 문장이 잃은 사람을 연주하고 밤의 세레나데는 어디에 있을까

    소리 없는 울음은 뿌리가 깊어 나무가 되었고 예보도 없이 잎을 달고 떨어지는 겨울의 입 지루하고 깊다

잎 떨군 바닥에 누운 난 그때도 계절은 봄이었을까 계절이 지나간 곳은 모두 흰 강물이 되었고 아무것도 생각하지 않았다

수요일의 안단테

처음엔 몰랐다 거리의 불빛이 무슨 색이었는지 빛의 습관처럼 몸으로 흐르는 수요일의 골목을 지나서 느리게 누군가의 은유로 불안을 쌓고 화해하면서도 구겨진 우리를 펴지 못했다

여러 번 침묵을 나눠 가지며 수요일의 눈처럼 내리는 밤이 되면 낮게 날아가는 새처럼 끝을 맺곤 했다 나의 서사가 강물처럼 흘러가고 아직도 풍경을 바라보면 송두리째 던졌던 마음 얇게 밀고 펴면 하얀 계절이 있을까

어둠의 실루엣을 메고 다녔다 가끔 새들의 입술에서 아침이 돋고 수요일의 마름질에 몰두했고 깁고 나누어 연결하면 골목의 창이 되었다 어디로 가야 할까 몰랐다는 말 속에서 슈베르트의 겨울 나그네를 찾았다

직선과 곡선이 선분을 나타내듯 나는 네 마음을 씻고 있다 느리게 토마토수프를 한 숟가락씩 떠먹으면서 우리의 우

리를 묶었다 먼 곳으로 더 얇고 넓게 늘리면 구겨진 수요일이 펴질까

질문들

직선만으로 살아갈 수 있을까 가끔은 곡선으로 다시 휘어진 길이 나타나고 꽂아 둔 책을 옮기듯 방향을 바꿀 수 있을까 어느 수학자의 직선과 선분처럼

입안을 가득 채운 질문들이 서로를 밀어내고 우그러뜨리고 도서관으로 간 나는 열람실 뒤에서 길을 찾았고 구석에서 각진 공간을 앓던 잔상, 잊어버린 기억일까

이해받지 못해도 괜찮아 나는 이십이 페이지에서 대답을 찾을 수 있을까 나의 몫이 되었다 나를 덜어내고 물에 젖은 문장들 안개처럼 떠돌다 기다림으로 지나가고 질문은 질문끼리 변론과 반론이 되었다 나는 적당한 높이로 서 있다

그림자를 지켜보다가 습관처럼 나를 편다 돌아오지 않는 마음은 안일까 바깥일까 나는 서둘러 순간을 놓치지 않았고 날마다 가지 치고 꽃피울 수 있을까 질문들 나뭇

가지에 걸어 놓는다

 그림자 끝으로 사라진 선분이 우리의 질문들일까

컵 속의 아리아

    물이 닿은 언어와 기포로 선포되는 컵 속의 소용돌이처럼 불온하여
    떠난 계절도 노래가 될까 비대해지던 꿈을 기울이며 넘어지고 깨지며 차가운 별을 온순하게 바라보는 남루한 묘약은 리듬이 되지 못하고 붉은 눈동자로 너머를 들여다본다

    조각난 아리아는 컵 속에 빠졌다 어룰한 대답은 하울링으로 퍼져가
    고 야생 수초들이 벽을 먹고 이끼 낀 언어 사이로 내미는 뒤섞인 착란과 규칙에 감금된 나. 컵 속에 앉아 있던 이분쉼표는 빨갛게 절룩이다 흩어지는 구름일까 꿈의 보푸라기일까

    물의 환청이 들려왔지 컵 속의 팔분음표가 온음표로 둔갑하는 변용. 보이지 않던 주검 차가운 그림자가 외부를 잠식했다 보온이 필요해 너는 늘 빙하를 꺼내거든 이것이 우리의 세레나데 눈빛은 발작의 표지 위악적인 해일의 지체일까 해일이 지나간 자리 손을 맞잡고 스텝을 밟는다 컵 속의 나

와 음표 사이, 너와 시간 사이, 어긋나는 우리의 동토

   이차원의 내력을 지우거나 물살의 소용돌이는 우리를 엎질러버리는 탈진한 아리아

코발트블루

 이해할 수 없다는 말은 너의 색이 애매하다는 것일까 아니면 진실이 없다는 것일까

 아무도 있는 창틈으로 너를 당겼다 거실을 돌아보고 발걸음이 옅어졌다 행거에 닿은 눈길이 전부였다 흔한 것이 블루일까 너의 푸른 손이 빈방을 엮은 다음 별빛 같은 창문들을 만들었다

 노을마저 타오르는 붉은 화음일까 사물의 색은 너의 색깔에 가려서 빛을 건너온 꽃잎처럼 엎드린 자세로 기다리고 숨을 고르며 푸른 향기를 길어 올리는 계절이 다시 왔다

 너는 날개 없는 새 반음에 날아오르고 온음에 넘어지는 창문을 가졌다 창문에 햇살이 앉았다 창문이 녹는다

 밖으로 걸어 나온 나는 별을 나누어 가지는 사람 잊어버린 쪽으로 그림자를 걸어 놓고 너는 하얗게 부서지고 있다 누가 너의 그림자를 찾을 수 있을까

허공을 향해 외치고 싶었던 소리는 무엇이었을까

콜라주

풍경이 안개처럼 낮아질 때 눈길에 오래 머물면 어두운 창이 됩니다 나는 풍경과의 다정함에 순응하는 편일까요 벽에 붙은 거울은 볼록렌즈지만 그의 입장에서는 사차원의 사물이 됩니다

노을을 배경으로 아이의 잠처럼 돌아갈 곳 없는 나무들이 골목에서 비껴선 채 얼어가고

집에 대하여 시멘트가 채 마르기 전에 누군가 적어 놓은 낙서에 대하여 라는 문장을 읽습니다

손이 먼저 나가는 몸짓이라면 나는 예절에 실패하는 감정이 듭니다 나는 두려움에 순응하는 편일까요

만약 손에 닿지도 않은 얼음조각이 손에서 미끄러진다면 손을 믿겠습니까 만약을 믿겠습니까 나는 유일한 목격자 비밀을 핑계로 오른손으로 얼음을 잡는다면 억압된 침묵에서 분출하는 왼손은 어느 방향으로 미끄러질까요

두려움은 나의 몫이 됩니다 눈꺼풀을 닫아도 닫히지 않는 내가 사라져도 내 곁을 지키는 페르소나 나를 지켜줄까요

에스키스, 맘

걸음은 내가 걷는데
생각은 외딴곳이었어

자라나는 생각을 자르며 뛰어다니는
파도와 달리의 시계가 하늘에 걸려
펄럭이는 한낮

시월의 꽃잎이 마른하늘을 덮었다
슬픈 전설이
된 계절

색다른 사람들의 색다른 입술이
옆으로, 옆으로만 자랄 때

미움으로 태어난 나는 앞으로, 앞으로

자랐지만

개미굴엔 반짝이는 입술이

필요했다

거미가 사는 나무에는 잎이 달리지 않고

하늘과 가지 사이로 붉은 개미들

배를 부풀리고

간지럽히며 나를 물어뜯는

식물학자

어제의 꿈속을 찾아갔어

심술쟁이 엉겅퀴들이 폭풍우처럼 휘몰아쳤어

클래식 음악을 듣고 르누아르 그림을 감상하고 싶어

지금은 천국을 스케치하는 계절

난 비행 놀이를 좋아했어

떨어지면 천국에 닿기 때문일까

찢어진 청바지를 입은 한때의 붉은 청춘
허공에 달려 있는 애드벌룬

내가 문 열고 들어가 안길 수 있는 맘, 어디에 있을까

너 f야

　노을이 넘어지는 서쪽 나는 바다에 도착했다 왼쪽이 아닌 오른쪽으로 방향을 바꿨어 내가 도착하는 곳은 해가 지는 곳이고 네가 도착하는 곳은 해가 뜨는 곳이지 해가 뜨는 곳과 지는 곳 사이에는 우울과 이념이 교차하고 그것이 우리가 살아가는 우리만의 법칙이 아닐까 내가 꿈꾸던 유토피아의 세계 깡마른 이념으로 다다르고 싶어 했던 천상의 시간일지도 모르고 네가 떠나지 않았으니 꿰뚫어 본 우리의 어둠일지도 모르지 네는 그렇게 내게 도착했거나 영원히 도착하지 않았을지도 몰라 슬퍼하지 않았음 해 내가 원한 건 그게 아니었어 나는 나 때문에 아팠고 도려낸 마음을 씻고 기억의 크로키처럼 대충 잊어야 할 정물처럼 기쁨도 슬픔도 아니야 나의 마음은 느낌표로 채워졌어 언제 어떻게 어떤 색으로 만날 수 있을까 어느 방향이든 모두 건너편을 향해서 가고 빛이 꺼질 때까지 나만의 길을 가야 해 나는 길에서 길이 있다는 것을 알게 되었지 다시 길이 만들어지는 그 길을 지금 걷고 있어 때론 환하고 검은 길이 나타날지도 몰라 모든 길이 포개지면 바다가 되겠지

김영애의 시세계

가벼움이 무거움을 견디는 계절

송현지

김영애의 시세계

가벼움이 무거움을 견디는 계절[1)]

송현지

(문학평론가)

고요히 들끓는

　정물화는 흔히 움직임 없는 사물들을 그린 회화로 정의된다. 'Still-life'를 '정물'로 번역하는 관습은 이 장르가 정지된 존재를 다룬다는 인식을 강화해 왔다. 그러나 정물은 정말 정지해 있는가. 노먼 브라이슨에 따르면, 정물화는 특정한 '순간'을 포착하는 것이 아니라 지속되는 시간과 감각의 변화를 사

---

1) 이 제목은 「수련」의 한 구절을 빌린 것이다.

물의 표면에 응축해 담는 형식이다. 화면의 사물들은 빛과 습도에 따라 변주되는 색조를 통해 시간의 누적을 재현하거나 구도의 변화 속에서 화가의 위치 이동과 내면의 움직임을 드러내기도 한다. 외견상 고요해 보이는 화면 너머에는 사실상 여러 움직임이 겹겹이 배치되어 있는 것이다.

이런 맥락에서 김영애의 첫 시집 『브람스를 좋아하세요』는 하나의 정물로 읽힌다. 시인은 겉으로는 감정을 쉽게 드러내지 않는 화자가 사실은 끊임없이 흔들리며 감정과 사유의 밀도를 높여가는 과정을 섬세하게 파고든다.

정물을 펼치면 작은 꽃밭이 있고 방은 벽의 뒤쪽과 텃밭 사이에 있다 루드베키아 붉음 속으로 대문 센서 등이 각진 눈을 떴다 목에 두른 긴 머플러 끝으로 창이 붉다 방문을 열면 어제 내려놓은 감정이 발목을 잡는다

사람의 소리일까 바쁘게 덜컹이는 빨강 골목을 흔들었고 빠른 걸음으로 지나가는 발바닥엔 어제가 묶여 있을까 소리, 노랗다 혼자 열리고 닫히는 계절의 창 너머로 가끔은 달리아가 창을 두드렸다

아직 나는 잠에서 걸어 나오지 못했다 소리를 끌어다 어제를 덮는 밤의 이스트처럼 누군가 골목을 일으켜 세우고 담장

을 흔들었다

    산다는 것은 소리를 견뎌내는 것일까 가끔씩 찾아오는 나의 정물이 소리를 덮는 것처럼 머무는 곳마다 주인공이 되는 아이러니, 물의 내면처럼 흐르는 생각이 어제를 끌어당긴다

    감정을 엿듣는 습관으로 나는 새벽 거미줄에 걸려 있는 이슬이지만 모래성을 쌓곤 했다 영혼을 퍼먹듯 겨울과 여름을 넘나들며 나는 나를 걸었다

    나의 정물을 펼치면 왜, 모딜리아니의 긴 목이 창에 걸려 있는 걸까

—「나의 정물화」전문

  두 층위의 정물을 제시하는「나의 정물화」는 이 시집의 성격을 집약해 보여주는 작품이다. 먼저, 시 속 하나의 정물은 화자에게 "가끔씩 찾아오는" 기억이다. 기억은 이미 발생한 사건으로 고정된 것으로 보통 여겨지지만, 이 시는 그것이 여전히 현재를 움직일 수 있는 생명력을 지닌다는 점에 주목한다. 정물 속 피어 있는 "루드베키아 붉음"이나 "대문 센서 등"이 눈을 뜨는 장면은 기억이 과거의 기록에 머무르지 않고 언제든 다른 형태로 현재의 화자를 붙잡을 수 있음을 암시하는

것이다.

또 다른 층위의 정물은 그런 기억에서 벗어나지 못한 채 정지되어 있는 듯 보이는 화자의 현재다. 그러나 기억과 마찬가지로 '나'는, "새벽 거미줄에 걸려 있는" 듯 움직이지 못하는 신체적 상태와는 별개로 머릿속에서 끊임없이 과거와 현재를 오간다("겨울과 여름을 넘나들며"). 어쩌면 "모래성을 쌓"는 것처럼 실체 없이 반복되는 이 움직임이야말로 그를 제자리에 묶어두는 원인일 수도 있다.

요컨대 이 시에 제시된 두 겹의 정물은 모두 이처럼 '기억'을 중심으로 연결되어 있으며 이러한 설정은 자연스레 하나의 질문으로 이어진다. 그 기억은 도대체 어떠한 것이길래 화자를 이토록 흔들면서도 겉으로는 아무 일 없는 듯 살아가게 만드는가.

기억의 구체적 내용에 대해 시인은 직접적으로 밝히지 않는다. 다만, 「어렴풋이, 여름」을 비롯한 시집 전반에 반복되는 상실과 죽음의 흔적, 그리고 그것을 자세히 언급하지 않으려는 화자의 조심스러운 태도, 그럼에도 종종 새어 나오는 죄의식을 통해 그 기억의 치명성을 간접적으로 짐작할 수 있을 뿐이다. 기억의 무게는 화자가 "기억을 마름"(「암연黯然」)하여 감정을 감당 가능한 형태로 재단하고자 하는 시도에서도 드러난다. 그러나 기억은 마치 "행거에 걸어두"(「기억의 습작」)었던 옷처럼 일상의 어딘가에 조용히 걸쳐져 있으며, 아무리 "침묵

상자"(「시놉시스」) 속에 넣으려 해도 완전히 봉인되지 않는다. 오히려 기억은 침묵의 틈 사이로 간헐적으로 스며들어 예기치 않게 현재를 흔든다.[2] 그런 점에서 『브람스를 좋아하세요』는 정지된 듯 보이지만 실은 내면 깊숙이 들끓는 감정의 정물이다. 이 시집을 읽기 위해 우리는, "생각을 껴안고"(「브람스를 좋아하세요」) 내면 깊숙이 침잠하는 화자의 궤적을 따라 그가 겹겹이 껴입은 침묵의 안쪽으로 진입해야 한다.

감정의 파형 위에서 연주되는 세계

기억을 봉인하려 해도 계속 풀러나는 상황은 필연적으로 감정을 발생시킨다. 「나의 정물화」에서 화자가 자신을 거미줄에 걸린 '이슬'에 빗대는 것은 기억을 억누르려는 과정에서 감정이 점차 소진되고, 그 소모가 지속되면서 결국 언제 사라질지 모르는 존재 자체에 대한 불안으로 이어진다는 점을 암시한다.

그렇지만 김영애의 시에서 감정의 파동은 단지 지난 계절을 잊으려는 마음과 떠오르는 기억 사이에서 생겨나는 갈등의 부

---

[2] 이러한 내면의 움직임은 시집 전반에 반복적으로 등장하는 이분법적 표현들과 긴밀하게 연결된다. "직선과 곡선"(「수요일의 안단테」), "질서와 무질서"(「시집 속에서 방황하다」), "의식과 무의식"(「사람들」), "실체와 사유", "안과 밖"(「오브제」), "결핍과 과잉"(「이분법에 대한 사고」) 등으로 구성된 이 대립의 짝들은 화자의 감정이 뚜렷한 균형점을 갖지 못한 채 끊임없이 진동하고 있음을 시각화하는 장치들이다.

산물만은 아니다. 기억은 구체적인 사건에 한정되지 않으며 그 자체로 언제나 감정과 결부되어 있기 때문이다. 같은 시에서 화자가 "어제 내려놓은 감정이 발목을 잡"는다고 서술한 부분은 감정이 단순한 정서적 반응이 아니라, 시간과 함께 퇴적된 것이며 여전히 사라지지 않은 정서의 잔여물임을 드러낸다. 다시 말해 상실의 기억을 떠올리는 일은 단지 과거의 사건을 회고하는 차원을 넘어, 그에 얽힌 감정과 다시 맞닥뜨리는 일인 것이다.

또한 이러한 기억은 새로운 감정의 진폭을 만들어내기도 한다. 기억을 상기하는 과정에서 떠오른 감정은 현재의 감정과 겹쳐지며 새로운 감정의 파동을 형성한다. 김영애의 시에서 감정이 점차 증폭되는 것은 바로 그 때문이다.

이와 같은 감정의 변화는 각 부에 제시된 음악 용어를 통해 형상화된다. 시집은 아다지오(느리고 장중하게)-알레그로(빠르고 경쾌하게)-모데라토(보통 빠르기로)-알레그리시모(매우 빠르게)라는 네 개의 악상 기호를 차례로 각 부의 제목으로 삼고 있다. 이 음악적 빠르기는 단지 템포의 전환을 의미하는 것이 아니라 감정의 밀도와 고조되는 강도를 시각화하는 장치로 작동한다. 예컨대, 시집 초반부에서 "탁자 위 빈 접시처럼 불안"한 감정에 휩싸여 "지금보다 더 낮아져야 할"(「담쟁이」) 상태를 희망하던 화자는, 후반부로 갈수록 점점 고조된 감정을 표현하게 된다. "소리 없는 울음"이 더욱 "뿌리가 깊"(「접은 게

절」)다는 듯, 상승하는 감정의 선율은 넘치는 "강물"이나 젖은 "마음"(「녹턴」)이라는 이미지로 표출되는가 하면, 마침내 "옥타브를 높여" 고음에 도달하기도 한다.

    안단테의 리듬으로 걸어오는 여름 한낮 사계가 강물처럼 흐른다면 현에 기대어 잠들었고 꿈속에서 자일리톨 껌을 씹어요 우리의 연주가 될까 구부정하게 휘어 있는 내 안의 이분쉼표는 중심을 잃고 내일은 사랑스럽게 아플 거예요 만남은 바깥에 있고 난 생각을 껴안고 건반 속으로 들어가고 계절이 오래 떠나지 않아도 우리의 연주를 물들일 거야

    안단테와 라르고 사이의 아다지오로 흐르지만 아래는 절벽 같았다 내 안의 침묵으로 변해버린 브람스의 자장가, 일어서며 옥타브를 높였다 넌 침묵이 묘약이라 말했지 그 생각이 모차르트 피아노 협주곡 21번 같았지

    건반을 열면 세 번째 꿈을 쏟아낼 것 같은 열정은 기억 아래 잠기고 완전히 다른 물결 위에 음률과 불안을 끼었으며 밤새도록 꿈속을 헤매는 우리의 세레나데 무덤처럼 깊게 팬 창 너머로 모든 날의 음을 모아 우리의 세계가 될 수 있을까

    교향곡 4번에서 기다릴게 자장가는 우리의 설렘을 덮었지

만 그때의 생각만으로 기다릴 수 있을 것 같아 즉흥곡 슈만의
트로이메라이 연주를 할까 흰 건반에서 멈추면 우린 백허그하
는 거야

     ―「브람스를 좋아하세요」 전문

 표제작인 「브람스를 좋아하세요」는 이러한 감정의 변주를
가장 선명하게 드러낸다. 화자는 "안단테와 라르고 사이의 아
다지오로 흐르지만 아래는 절벽 같았다"라고 말하며 느리고
정적인 리듬의 표면 아래 숨어 있는 내면의 낭떠러지를 암시
한다. 겹겹이 얽힌 감정은 "침묵으로 변해버린 브람스의 자장
가"를 지나 반복적이면서도 심연을 울리는 브람스 "교향곡 4
번"의 선율에 다다른다. 브람스의 생애 마지막으로 작곡한 이
교향곡이 품고 있는 정서적 깊이를 경유하며 화자는 마침내
자신이 도달한 내면의 심층을 드러내는 셈이다. 그곳에서 그
는 기억 속 누군가와의 재회를 상상하지만, 자주 어긋났던 그
관계는 실제 현실이 아니라 기억과 사유가 만들어낸 음악적
환상 속에서만 가능해진다. 말해지지 못한 고통이 오래도록
축적되어 있다 마침내 빛으로 터져 나오듯, 음악은 감정의 폭
발적 발화를 가능하게 하는 매개로 작용한다.

 이처럼 김영애의 시에서 음악은 '나'의 기억과 감정이 뒤엉
킨 사태를 재현하고 구조화하는 내재적 형식이다. 특히 음악
은 기억처럼 기록되지 않으면 무형으로 흘러가 사라진다는 점

에서 주목할 만하다. 이는 김영애의 시에서 음악이 감정과 기억의 작동 방식을 설명하는 하나의 내적 장치로 기능함을 의미한다.

붉음의 상태로 존재하기

음악이 감정의 리듬을 드러내는 장치였다면, 색은 그 정서를 채색하는 또 다른 감각적 형식이다. 김영애의 시에서 색은 단순한 시각적 수사를 넘어 언어로 도달할 수 없는 감정의 층위와 점차 증폭되는 내면의 정서를 감각적으로 환기하는 장치로 작동한다.

색을 숨기고 있다 젖은 크로키처럼 명암과 구도의 장르가 영원할까 깜깜한 방이었다 탁자 위에 색의 경계라는 말을 얹어두고 익숙하지 않은 온기를 듣는다 이름도 색깔도 없는 나의 내부

…(중략)…

새들이 창 아래 있는 그림자처럼 멈춘 색은 유전자 변이를 계속하고 색깔과 경계가 불분명한 색이 만날 수 있을까 혼합된 세계의 불화가 이어지고 회색 피를 걸어두고 짖었다

―「회색지대」부분

　「회색지대」에서 시인이 색을 활용하는 방법이 대표적이다. "깜깜한 방" 안에 "색을 숨기고 있"는 화자는 자신의 내부를 "이름도 색깔도 없"다고 말한다. 이는 존재하지만 드러나지 않는 색처럼 '나' 역시 표현되지 못한 채 유예된 상태에 머물러 있음을 시사한다. 시의 마지막 구절 "회색 피를 걸어두고 짖었다"에 이르러 등장한 '회색'은 그런 점에서 존재의 불확실성과 억눌린 감정을 상징하는 것으로 읽힌다. 하지만 이 시에서 보다 주목해야 할 대목은 "멈춘 색은 유전자 변이를 계속하고"라는 구절로 보인다. 시인은 이를 통해 색에 내재한 변이 가능성을 암시한다. 색은 고정된 속성이 아니라 감정과 기억에 따라 다른 감각과 결합하며 변형될 수 있는 잠재성을 품고 있음을 그는 강조하는 것이다.
　이러한 색의 변화가 '빛'과 긴밀하게 연결되어 있다는 점 또한 흥미롭다. 이번 시집에서 반복적으로 호출되는 '빛'은 단지 색을 가능하게 하는 물리적 조건이 아니라 감정을 환기시키고 기억을 소환하는 감각적 신호로 작동한다. 예컨대 「담쟁이」에서 화자가 "허공에 빛을 밝히"는 순간 "느닷없이 캐럴이 쏟아"지는 장면은 빛을 밝히는 행위가 시간의 층을 깨우고 감정의 고요한 심지를 흔드는 순간임을 보여준다. 이때의 빛은 어둠을 걷어내는 수단을 넘어, 억눌린 감정이나 침전된 기억을 불러내는 촉매로 작동하는 것이다. 이러한 감정의 각성이 일어난 이후 빛은 더 이상 외부에서 주어진 것으로 표상되지 않는다. 이제 빛은 내부로부터 길어 올려지는 것으로 전환된다("손바닥 깊은 곳 빛을 퍼올려"). 이 변화는 감정이 더 이상 회피하거나 억압해야 할 것이 아니라, 마침내 스스로 발화되는 내면의 움직임을 화자가 인식하게 되었음을 의미한다. 이 시점에서 빛은 '식은 빛'이 아닌, 내면에서 다시 살아나는 감각의 빛으로 나타나며, 그 아래에서 감정은 '붉음'의 상태로 선명하게 드러난다.

붉다는 것은 불가능을 가능하게 해 주는 내면의 자책일까 붉음 속에서 먹고 잠을 자고 읽지도 버리지도 못하는 색을 껴안고 방에 들어갔다 생각 속 얼굴이 묽어졌다

습관을 바꿔 보기로 했다 색과 자책을 혼합하면 자책은 나만의 전유물이 되었다

무덤을 만들고 숲을 이루고 이름 없는 새들이 날아와 행간에 앉았다 불완전한 완벽함이 몸을 바꿔가며 시퍼렇게 붉히고 대답이 비가 되어 내린다 꽃잎 하나가 멍하니 떨어지다 멈추고 지금은 어디에도 없는 퍼즐을 조립하는 시간

몸을 잠근다 마른 소문이 벽에 꽃처럼 피고 지고 내게는 없는 표정이 이렇게 낮은 자세를 취할 수 있을까

　눈을 감으면 보이는 것은 눈 속에 머물고 보이지 않는 것은 어둠을 잡고 보이지 않는 방향으로 스며들었다

　안과 밖이 붉다 자음의 본체는 어디에 있을까 모음은 모음끼리 이름도 없이 죽어갈까 현상 너머를 생각한다 맨델스존의 한여름 밤의 꿈이 빨갛다

―「붉음」 전문

「붉음」은 시집 전체에서 색채가 가장 농밀하게 감정과 맞닿아 있는 작품이다. "붉다는 것은 불가능을 가능하게 해 주는 내면의 자책일까"라는 시의 첫 문장은 색이 곧 감정의 집적으로 기능함을 가장 직접적으로 드러낸다. 붉음이 자책이라는 감정의 응축된 표현이라면 "붉음 속에서 먹고 잠을 자고 읽지도 버리지도 못하는 색을 껴안고 방에 들어"간 화자의 모습은 그 정서에 포위된 상태일 텐데, 시인은 이를 색을 통해 구조화하고 있는 것이다.

　이와 함께 김영애는 감정이 일정한 한계를 넘어서면 더 이상 내면에만 머무르지 않는다는 사실 또한 색을 통해 감각적으로 드러낸다. "안과 밖이 붉다"는 문장은 감정이 주체의 내

면을 넘어 외부 세계의 표면까지 물들이고 있음을 시적으로 환기하는 것이다. 이는 곧 감정이 세계를 인식하고 구성하는 방식 자체에 영향을 미친다는 뜻이기도 하다. 셰익스피어의 희극을 바탕으로 한 "멘델스존"의 유쾌한 음악조차 화자의 정서에 물들어 붉어졌다는 진술("한여름 밤의 꿈이 빨갛다")은 감정이 외부 세계를 재구성한다는 이 통찰을 더욱 선명하게 보여준다.

이러한 인식은 인간 내면의 가장 깊은 층위에 도달했을 때에만 비로소 감지될 수 있는 것이다. 그런 점에서 김영애의 이번 시집은 그 깊이에 이른 자만이 펼쳐낼 수 있는 내면의 드라마이자, 감정의 역량이 어디까지 확장될 수 있는지를 기록한 섬세한 시적 탐문이라 할 수 있다.

가볍게 무거운 말들

마지막으로 짚어두고 싶은 점은 김영애의 시가 감정의 움직임을 집요하게 탐색하면서도 그것으로부터 뚜렷한 해답이나 결론을 도출하려 하지 않는다는 점이다. 감정은 본래 하나의 방향을 가지지 않으며, 특히 그의 시에서는 그것이 하나의 서사로 환원되지 않는다. 오히려 『브람스를 좋아하세요』는 그러한 감정의 유예 상태와 화자가 끝없이 방황하며 새로운 길을 찾으려는 과정을 있는 그대로 드러내는 데 집중하는 듯하다. "수많은 걸음이 허공이었"(「번 아웃」)던 경험처럼, 그의 시에서 감정은 붙잡히기보다는 흘러가고, 언어는 이를 포착하려 하기보다는 함께 흔들린다. 이를 위해 김영애는 관념어를 반복하면서 때로는 그것들을 구체적인 감각의 지지 없이 떠다니게 하는 전략을 취한다.

바다 위를 걷고 있는 나는 무모할까 위악적일까 혐의를 벗지 못한 계절과 담장이 없으면 나의 이름을 가질 수 있을 거라 생각했다 계절을 지나온 행성의 궤도와 같이 내면의 암흑과 밤 11시 같은 관성에 몰두했다

길은 부서지기 위한 질주일까 무모한 걸음은 얼마나 힘이 들까 오늘도 결연하게 나는 바다 위를 걸었다 여긴 세상에 없는 바다에 발을 얹어보는 게 전부이다 걸음은 처음 후각을 가진 물의 수심에 맞추었다

신발을 벗어 놓고 걷는 여정은 어디쯤일까 목적지가 없는 생각은 메아리만을 불러냈다 명징의 법칙에 대하여 라는 말을 뱉었다 늘어나는 웅덩이를 채우는 사물은, 최초의 탄식 마른 기억에 나를 매달고 손을 저어보는 것

생각이 잦아들기를 기다리며 뒤섞인 착란과 윤곽에 맞물린

> 시제들이 겹친 계절이 그렇듯 길은 보이지 않고 다시 바다 위를 걸었다
>
> ―「포이즌」 전문

 가령 이 시에서 시인은 "위악", "혐의", "명징", "윤곽", "시제", "생각" 등 무게감 있는 관념어를 거듭 사용하지만, 그것들은 구체적 감각의 뒷받침 없이 공중에 머무르는 말로 제시된다. 오히려 "늘어나는 웅덩이를 채우는 사물", "마른 기억", "손을 저어보는 것"과 같은 감각적 표현들이 시 전체의 구조를 지탱하는 핵심적인 요소로 작동하는 것이다. 이처럼 의미상 무거운 말들이 가볍게 흘러가고, 감각적인 장면이 시의 뼈대를 이루는 방식은 김영애 시의 전복적 언어 전략을 잘 보여준다. 그의 시는 사유가 아닌 감정의 진동을 감지하게 하는 데 초점을 맞추며, 부유하는 언어를 통해 감정의 유동성과 불확실성을 재현한다. 관념어가 무게를 잃고 감각어가 중심이 되는 이 전도된 위계 속에서 독자는 "생각이 잦아들"지 않은 채, "뒤섞인 착란과 윤곽에 맞물린 시제들"로 "길은 보이지 않"는 감정의 여정을 함께 따라가게 된다.
 이러한 전략은 "브람스를 좋아하세요"라는 시집의 제목과도 긴밀히 호응한다. 프랑수아즈 사강의 동명 소설에서 빌려온 듯한 이 문장은 얼핏 클래식 음악에 대한 취향을 묻는 질문처럼 들리지만, 실제로는 내면의 깊숙한 층위로 향하는 조심

스러운 감정의 탐색이자 우회적인 접근의 표현이다. 사강 소설 속 그 물음처럼 김영애의 질문 역시 표면적으로는 가볍게 들리지만 그 속에는 다음과 같은 무거움을 담고 있다. '우리는 (그의 화자처럼) 상실의 기억과 존재의 무게를 견딜 수 있는가?' 시인은 이 문장을 제목으로 삼음으로써 자신에게 던졌던 물음을, 독자에게도 건네는 셈이다.

감정을 말로 설명하기보다는 음악과 색으로 펼쳐 보이며, 시인은 우리 각자의 감정 또한 함께 흔들릴 수 있는 공간과 형식을 마련해 주었다. 이 공간에서 우리는 감정의 움직임을 따라가며 "길에서 길이 있다는 것을"(「너 f야」) 새롭게 발견하게 된다. 흔들림은 곧, 미래라는 무거운 과제를 감내할 수 있는 예비적 감각이자, 그 무게를 감당할 수 있는 존재의 리듬일지도 모른다.

| 김영애 |

부산 출생. 2019년 『시와사상』으로 등단했다. 현재 부산작가회의 회원으로 활동 중이다.

이메일 : bachsorry75@naver.com

현대시 기획선 127
브람스를 좋아하세요

초판 인쇄 · 2025년 6월 25일
초판 발행 · 2025년 6월 30일
지은이 · 김영애
펴낸이 · 이선희
펴낸곳 · 한국문연
서울 서대문구 증가로29길 12-27, 101호
출판등록 1988년 3월 3일 제3-188호
편집실 | 서울 서대문구 증가로31길 39, 202호
대표전화 302-2717 | 팩스 · 6442-6053
디지털 현대시 www.koreapoem.co.kr
이메일 koreapoem@hanmail.net

ⓒ 김영애 2025
ISBN 978-89-6104-388-5 03810

값 12,000원

* 이 시집은 2025년 부산광역시, 부산문화재단 지역문화예술특성화지원사업의 지원으로 제작되었습니다.

* 잘못된 책은 바꾸어 드립니다.